BEI GRIN MACHT SICH IHR WISSEN BEZAHLT

AF168158

- Wir veröffentlichen Ihre Hausarbeit,
  Bachelor- und Masterarbeit

- Ihr eigenes eBook und Buch -
  weltweit in allen wichtigen Shops

- Verdienen Sie an jedem Verkauf

Jetzt bei www.GRIN.com hochladen und kostenlos publizieren

Ernst Probst

Die Comtessen de Mailly-Nesle

Vier adlige Schwestern für den König

GRIN Verlag

Bibliografische Information der Deutschen Nationalbibliothek:

Die Deutsche Bibliothek verzeichnet diese Publikation in der Deutschen National-
bibliografie; detaillierte bibliografische Daten sind im Internet über http://dnb.d-
nb.de/ abrufbar.

Impressum:

Copyright © 2014 GRIN Verlag GmbH
Druck und Bindung: Books on Demand GmbH, Norderstedt Germany
ISBN: 978-3-656-70750-9

Dieses Buch bei GRIN:

http://www.grin.com/de/e-book/277620/die-comtessen-de-mailly-nesle

GRIN - Your knowledge has value

Der GRIN Verlag publiziert seit 1998 wissenschaftliche Arbeiten von Studenten, Hochschullehrern und anderen Akademikern als eBook und gedrucktes Buch. Die Verlagswebsite www.grin.com ist die ideale Plattform zur Veröffentlichung von Hausarbeiten, Abschlussarbeiten, wissenschaftlichen Aufsätzen, Dissertationen und Fachbüchern.

Louis XV.,
König von Frankreich und Navarra (1710–1774).
Porträt des französischen Malers
Louis-Michel van Loo (1707–1771)
aus dem 18. Jahrhundert

Ernst Probst

Die Comtessen de Mailly-Nesle

Vier adlige Schwestern für den König

Louise-Julie de Mailly-Nesle (1710–1751).
Porträt des französischen Malers
Alexis Grimou (1678–1733)
aus dem 18. Jahrhundert

Die Comtessen de Mailly-Nesle

Vier adlige Schwestern für den König

Bei den ersten bekannten Mätressen von Louis XV. handelte es sich um vier mehr oder weniger schöne Schwestern aus der alten französischen Adelsfamilie de Mailly-Nesle. Sie hießen Louise-Julie (1710–1751), Pauline Félicité (1712–1741), Diana Adélaïde (1713–1760) und Marie Antoinette (1717–1744). Nur Hortense-Félicité (1713–1775), die Zwillingsschwester von Diana Adélaïde, hatte keine Affäre mit dem König.

Eltern dieser fünf Mädchen waren Louis III., Marquis de Mailly-Nesle, Prinz von Orange (1689–1767), und dessen Ehefrau Armande Félice de La Porte Mazarin (1691–1729). Letztere war eine Enkelin von Hortensia Mancini (1646–1713 oder 1699), einer Mätresse des englischen Königs Karl II. (1630–1685), die durch ihre Heirat ab 1661 den Titel einer Herzogin von Mazarin trug. Um die Finanzen der Familie de Mailly-Nesle stand es wegen hoher Spielschulden des Vaters schlecht. Beide Elternteile vertraten lockere moralische Ansichten.

Die älteste Tochter Louise-Julie de Mailly-Nesle kam am 16. März 1710 in Paris zur Welt. Im Alter von knapp 16 Jahren heiratete sie 1726 ihren nicht sehr begüterten Cousin zweiten Grades, Louis Alexandre, Graf von

Mailly-Nesle (gestorben 1747). Zeitgenossen zufolge galt Louise-Julie (Mademoiselle de Mailly) nicht gerade als Schönheit. Ihr Gesicht war angeblich zu lang, ihre Stirn zu hoch, ihre Nase zu groß, ihre Wangen waren zu flach, ihr Mund zu breit und ihre Stimme zu rau. Auch Busen und Arme wurden an ihr kritisiert. Dagegen sollen ihre Beine ungewöhnlich gut geformt gewesen sein. Außerdem trug sie ihre Kleider mit großer Eleganz.

Louise-Julie de Mailly-Nesle folgte ihrer Schwiegermutter als Hofdame der Königin Maria Leszczynska (1703–1768). Mit 22 Jahren erregte sie 1732 durch ihr ansteckendes Lachen die Aufmerksamkeit des damals ebenfalls 22-jährigen Königs Louis XV. Dieser war nach sieben Ehejahren seiner polnischen Gattin überdrüssig und suchte trotz religiöser Bedenken sexuelle Abenteuer. Als geschickte Kupplerin zur Anknüpfung der Beziehung des gebundenen Königs zur verheirateten Louise-Julie betätigte sich Louise-Anne de Bourbon-Condé, Mademoiselle de Charolais (1695–1758), die Schwester des 1726 gestürzten Fürst Heinrich von Condé, Herzog von Bourbon (1692–1740). Die freizügige Louise-Anne sah zwar gut aus, war aber mit 37 Jahren zu alt, um selbst königliche Mätresse zu werden. Angeblich suchte sie Louise-Julie aus, weil diese nicht allzu ehrgeizig erschien und ihren Einfluss auf den König nicht nur für sich nutzen würde.

Louise-Julie fand Gefallen an der Idee, die Mätresse von Louis XV. zu werden. Um dieses Ziel zu erreichen, trat sie in gewagter, zeitgenössischer Pariser Mode verführerisch gegenüber dem König auf. Dabei wurde sie von dessen Erstem Kammerdiener François Gabriel Bachelier (1689–1744) über die hierzu erforderliche Etikette instruiert. Bachelier brachte Louise Julie auch in die Privatgemächer von Louis XV., wo dieser sie in der Nacht aufsuchte. Lange Zeit versuchte der Herrscher seine Affäre zu verbergen, doch völlig geheim halten konnte er sie auf Dauer nicht. Der Ehemann seiner Mätresse war mit der außerehelichen Beziehung einverstanden.

Die amüsante, fröhliche, großzügige, lebhafte und unterhaltsame Louise-Julie war das genaue Gegenteil der mehr oder minder langweiligen Ehefrau des Königs. Louis XV., der Urenkel von Louis XIV., hatte sich zufälligerweise in eine Urenkelin der so genannten „Mazarinetten" verliebt, die einst den jungen „Sonnenkönig" Louis XIV. nacheinander und gleichzeitig bezaubert hatten. Als „Mazarinetten" bezeichnet man die sieben Nichten des französischen Ministers Jules Mazarin (1602–1661), die dieser 1647 und 1653 zusammen mit drei seiner Neffen aus Italien nach Frankreich kommen ließ, um sie anschließend vorteilhaft mit einflussreichen Adligen zu verheiraten.

Louise-Julie verstand es, den schüchternen König glücklich zu machen. Sie schenkte ihm Wärme, Bestätigung und Liebe. Durch sie wuchsen das Selbstwertgefühl und die Gelassenheit von Louis XV.

merklich. Diese Veränderung bemerkte auch dessen Gattin, bei welcher der König noch regelmäßig seinen ehelichen Pflichten nachkam.

Erst im Herbst 1737 verbannte die betrogene Königin Maria Leszczynska ihren ungetreuen Gatten endgültig aus ihrem Schlafzimmer. Daraufhin gab Louis XV. seine mehrjährige Affäre mit Louise-Julie zu. Im Januar 1738 erklärte der König die damals 28-jährige Louise Julie zur offiziellen Mätresse („Maîtresse en titre"). Louise Julie wohnte fortan in Räumen im zweiten Obergeschoss über den Privatgemächern von Louis XV.

Um den sehr einflussreichen Kardinal André-Hercule de Fleury nicht zu erzürnen, kümmerte sich Louise-Julie nicht um Politik und bemühte sich auch nicht um finanzielle Geschenke. Außerdem beteiligte sie sich nicht an den Ränkespielen am Königshof und behandelte die Königin mit Respekt. Am Hof nannte man sie „die kleine Mailly".

Louis XV. entzog sich zunehmend von seinen öffentlichen Repräsentationspflichten bei Hofe und genoss immer mehr sein angenehmes Privatleben. Zum Beispiel nahm er nach Jagdausflügen oft das Abendessen mit wenigen vertrauten Freunden in den so genannten „Petits Appartements" in Versailles ein. Auch mit seiner Mätresse verbrachte er nun mehr Zeit.

Louise-Julie befürchtete, den verwöhnten König auf Dauer bei dessen kleinen Gesellschaftstreffen nicht mehr fesselnd genug unterhalten zu können. Deswegen führte sie zur Unterstützung für heitere Abende ihre jüngere Schwester Pauline Félicité bei Hofe ein.

Die im August 1712 geborene, extrem schlanke und große Pauline Félicité (Mademoiselle de Vintimille) war aus Kostengründen in ein Kloster gesteckt worden. Weil ihr das Leben dort nicht behagte, hatte sie 1738 ihre ältere Schwester Louise-Julie gebeten, sie an den königlichen Hof nach Versailles einzuladen. Pauline Félicité soll genauso wenig attraktiv wie Louise Julie gewesen sein, dafür aber sehr ehrgeizig, macht- und geldgierig.

Im September 1738 kam Pauline Félicité in Versailles an. Sie hatte es sich schon lange in den Kopf gesetzt, die Mätresse des Königs zu werden. Dank ihres vorlauten und unbekümmerten Wesens, ihrer Vitalität, ihrer Intelligenz und ihrer Schlagfertigkeit gefiel sie rasch dem schüchternen Louis XV. Fortan nahm sie ständig an dessen privaten, kleinen Abendgesellschaften und Lustreisen teil.

1740 verliebte sich der König leidenschaftlich in Pauline Félicité, womit diese zu seiner Mätresse aufstieg. Angeblich soll Pauline Félicité ihre Schwester Louise-Julie bei einem Champagner-Wetttrinken regelrecht unter den Tisch getrunken haben, um endlich zum ersten Schäferstündchen mit dem König zu kommen. Louis XV. ließ fortan auch Louise-Julie nicht fallen und führte mit den zwei Schwestern eine Dreierbeziehung, eine so genannte „ménage à trois". Ungeachtet ihrer Eifersucht

Pauline Félicité de Mailly-Nesle (1712–1741),
Marquise de Vintimille, als Aurora dargestellt.
Porträt des französischen Malers
Jean-Marc Nattier (1685–1766) von 1741

blieb Louise-Julie ihrer jüngeren Schwester Pauline Félicité freundschaftlich verbunden.

Durch Fürsprache ihrer Schwestern Louise-Julie und Pauline Félicité gelangte auch deren üppige und angeblich etwas dümmliche Schwester Diana-Adélaïde (Mademoiselle de Montcavrel, Madame de Lauraguais) an den Königshof nach Versailles. Diana-Adélaïde war im März 1714 in Paris geboren worden. Sie diente als Ehrendame der Königin Maria Leszczynska, als Louis XV. auf sie aufmerksam wurde. Der König machte Diana-Adélaïde zusätzlich zu deren beiden älteren Schwestern zur Mätresse. Eine gemeinsam verbrachte Nacht von Louis XV. sowie Diana-Adélaïde und einer ihrer älteren Schwestern sorgte für einen Skandal. Dieser führte zur Entlassung von Diana-Adélaïde als Ehrendame der Königin.

1739 kaufte Louis XV. für Pauline Félicité das Schloss Choisy an der Seine. Zusammen mit Pauline Félicité, deren Schwester Louise-Julie und wenigen vertrauten Freunden führte der König dort ein zurückgezogenes Privatleben.

Um nach außen hin den Anschein zu wahren, beabsichtigte Louis XV., seine Geliebte Pauline Félicité mit einem Mann zu vermählen, der akzeptierte, dass seine Ehefrau weiterhin königliche Mätresse blieb. Für eine Mitgift von 200.000 Livres und die Gunst des König erklärte sich Jean-Baptiste Hubert Félix, Marquis de Vintimille (1720–1777), zu einer solchen Ehe bereit.

Diana Adélaïde de Mailly-Nesle (1713–1760),
Porträt des französischen Malers
Jean-Marc Nattier (1685–1766)

Beim Bräutigam handelte es sich um einen Neffen des Erzbischofs von Paris, in dessen Palast die Hochzeit erfolgte. Das anschließende Abendessen wurde von Mademoiselle de Charolais, der bereits erwähnten Schwester des gestürzten Herzogs von Bourbon, in ihrem „Palais Madrid" ausgerichtet. Daran nahm auch der König teil. Fortan trug Pauline Félicité den Titel Marquise de Vintimille und wurde Mademoiselle de Vintimille genannt.

Im Gegensatz zu ihrer älteren Schwester Louise-Julie wollte Pauline Félicité die Politik des Königs beeinflussen. Sie versuchte, Louis XV. dazu überreden, sich der Bevormundung des Staatsmanns und Kardinals André-Hercule de Fleury zu entziehen und selbst mehr Regierungsverantwortung zu übernehmen. Die vorsichtige Außenpolitik von Fleury war einer Kriegspartei ein Dorn im Auge. Zu Beginn des „Österreichischen Erbfolgekrieges" (1740) unterstützte Pauline Félicité die Kriegsbefürworter und trug dazu bei, dass Louis XV. die anfangs abwartende Haltung von Frankreich aufgab und sich militärisch in diesem Konflikt engagierte. Die Mätresse wollte den König sogar dazu überreden, sich durch persönliche Anwesenheit an den Kriegsschauplätzen weitere militärische Lorbeeren zu verdienen.

Anfang 1741 wurde Pauline Félicité schwanger. Sie erkrankte ernsthaft und wurde von ihrer Schwester Louise-Julie gepflegt. Zwecks Schonung und Ruhe brachte man Pauline Félicité ins Schloss Choisny, wo der König an ihrer Seite blieb. Ab August 1741 wurde die Schwangere immer kränker, litt an Melancholie und Fieber und lehnte die Behandlung durch Ärzte ab. Am 24. August 1741 brachte man sie nach Versailles zurück, wo sie der König allabendlich besuchte.

Pauline Félicité brachte am 2. September 1741 einen Jungen zur Welt. Der herbeigeeilte Pariser Erzbischof nahm an dem Neugeborenen mit Weihwasser eine Nottaufe vor. In Begleitung des Erzbischofs befand sich dessen Neffe, der aber nur widerwillig mitgekommen war, weil er mit seiner Gattin Pauline Félicité schon länger ein gespanntes Verhältnis hatte. Während die Eheleute unfreundliche Worte austauschten, freute sich Louis XV. über den gesunden Jungen, der wie er den Vornamen Louis (Louis) erhielt.

Nach der Geburt ging es mit der Gesundheit von Pauline Félicité weiterhin bergab. Ihre Ärzte reagierten ratlos und verordneten ihr nur Aderlässe. Damit die Ruhe der Patientin nicht durch den Lärm von Pferdehufen gestört wurde, ließ der König das Pflaster des Marmorhofes unter ihren Fenstern mit Stroh auslegen. In der Nacht vom 8. zum 9. September 1741 verließ Louis XV. seine kranke Mätresse, da es ihr wieder besser zu gehen schien. Doch bereits wenige Stunden später hauchte sie ihr Leben aus, ohne dass ihr der Beichtvater die Sterbesakramente spenden konnte. Pauline Félicité starb im Alter von nur 29 Jahren in dem Glauben, sie sei vergiftet worden. Der König zog nach ihrem Tod die Vorhänge seines Bettes zu, um ungestört weinen zu können.

Den Leichnam von Pauline Félicité überführte man vom Schloss in Versailles in das „Hôtel de Villeroy". Dort ließen die Wächter den Leichnam in der Nacht unbeaufsichtigt und sprachen stark dem Alkohol zu. Dies nutzte der Pöbel, der die königliche Mätresse gehasst hatte, aus, drang in das „Hôtel de Villeroy" ein und schändete den Leichnam. Ihre sterblichen Überreste wurden danach in der Nähe von Versailles bestattet.

Der französische Maler Jean-Marie Nattier (1685–1766) schuf 1741 ein Ölgemälde, das Pauline Félicité, Marquise de Vintimille, als Aurora, die Göttin der Morgenröte, zeigt. Das Original dieses Werkes wird im „Detroit Institute of Arts" aufbewahrt.

Louis de Vintimille, Herzog von Luc (1741–1814), der Sohn von Pauline Félicité, sah seinem Vater König Louis XV. sehr ähnlich. Aus diesem Grund bezeichnete man ihn am Hof als „halber Louis" („Demi-Louis") oder „kleiner Louis".

Der gemeinsame Kummer um den frühen Tod von Pauline Félicité und die vorherige langjährige Freundschaft von Louise-Julie und Louis XV. führten dazu, dass beide ihre frühere Beziehung wieder aufnahmen. Bald danach verschaffte Louise-Julie ihrer jüngsten und attraktiveren Schwester Marie-Anne auf deren Bitte hin Zugang zum Hof in Versailles.

Armand de Vignerot du Plessis,
Herzog von Richelieu (1696–1788).
Porträt des französischen Malers
Jean-Marc Nattier (1685–1766)
zwischen 1732 und 1742

Die am 5. Oktober 1717 in Paris geborene Marie-Anne de Mailly-Nesle (Mademoiselle de Monchy) heiratete im Alter von 15 Jahren den Adligen Jean Baptiste Louis, Marquis de la Tournelle (1718–1740). Im Haus des Herzogs von Antin in Petit-Bourg begegnete die 23-Jährige erstmals dem damals 30 Jahre alten König Louis XV., der ihre Schönheit bewunderte. Wie attraktiv Marie-Anne 1740 war, ist auf einem Ölgemälde von Jean-Marc Nattier ersichtlich.

Zusammen mit ihrer Schwester Hortense-Félicité wohnte Marie Anne damals bei ihrer Tante mütterlicherseits, Louise-Françoise de Rohan, Herzogin von Mazarin (1695–1755). Nach dem Tod ihrer Tante mussten die beiden Schwestern auf Wunsch ihres Cousins und Erben der Verstorbenen, Jean Frédéric Pelipeaux, Graf von Maurepas (1701–1781), ausziehen. Die zwei Schwestern baten ihre ältere Schwester Louise-Julie, an den Königshof nach Versailles kommen zu dürfen. 1742 trafen sie in Versailles ein, wo Marie-Anne die Stelle der verstorbenen Herzogin von Mazarin übernahm.

Am 19. Januar 1742 heiratete Diana-Adélaïde de Mailly-Nesle in Paris den zur Exzentrik neigenden königlichen Berater Louis des Brancas, Herzog von Lauraguais (1714–1794. Das Ehepaar wohnte im „Palais Brancas-Lauraguais", einem der am meisten beachteten Privatbauten der Jahrhundertmitte. Diana-Adélaïde hinterließ nach ihrem Tod eine bedeutende Sammlung von Büchern, deren Einbände ihr Wappen ziert.

Marie-Anne de Mailly-Nesle (1717–1744),
Marquise de La Tournelle,
ab 1743 Herzogin von Châteauroux.
Porträt des französischen Malers
Jean-Marc Nattier (1685–1766) von 1740

Weil die königliche Mätresse Louise-Julie dem als Frauenverführer bekannten Armand de Vignerot du Plessis, Herzog von Richelieu (1696–1788), nicht wohlgesinnt war, versuchte dieser, sie loszuwerden und durch ihre schöne und willensstarke Schwester Marie-Anne zu ersetzen. Hinderlich war, dass Marie-Anne damals ein Verhältnis mit einem Neffen von Richelieu, dem Grafen von Agenois, hatte. Deswegen ließ Richelieu seinen Neffen zur Armee versetzen und von einer ränkevollen Frau verführen. Von den Liebesbriefen des Grafen von Agenois an diese Dame erfuhr Marie-Anne und beendete die Beziehung mit dem Grafen, wie es Richelieu erhofft hatte.

Marie-Anne war nun bereit, die Mätresse von Louis XV. zu werden. Doch sie wollte keinesfalls nur eine heimliche Affäre mit dem König haben und lehnte es ab, sich ihm sofort hinzugeben. Sie forderte von Louis XV., sie zur offiziellen Mätresse („Maîtresse en titre") und zur Herzogin zu ernennen, erwartbare gemeinsame Kinder anzuerkennen, einen eigenen Hofstaat, erhebliche Einkünfte, prunkvolle Gemächer und sechsspännige Kutschen zu erhalten und ihre Schwester Louise Julie aus Versailles zu verbannen. Zudem verlangte sie vom König, dass er ihr den Hof machen solle, was dieser wegen seiner Stellung noch nie bei einer Frau für nötig gehalten hatte.

„Gott, ist die schön!", soll der König beim ersten Anblick der verführerisch aussehenden 25-Jährigen gesagt haben. Marie-Anne war damals eine imposante und blendende Erscheinung, nobel, elegant und hochgewachsen. Sie besaß dicke, aschblonde Haare, tadellose Zähne sowie wohlgeformte Schultern und Brüste.

Weil er bereits Feuer für Marie-Anne gefangen hatte, beeilte sich Louis XV., die Forderungen von Marie-Anne zu erfüllen. Eines Tages erklärte er Louise-Julie, er liebe nun Madame Tournelle. Zwar habe er noch nicht mit ihr geschlafen, werde es aber tun. Als Louise-Julie weinte und flehte, erlaubte er ihr, ihre Möbel aus dem Schloss Versailles mitzunehmen.

Am 3. November 1742 abends um sieben Uhr verließ Louise-Julie nach zehn Jahren an der Seite des Königs für immer Versailles. Krank vor Kummer lebte sie danach zunächst in Ramboillet und später in Paris, wo sie ihr sündiges Leben bereute.

Noch im November 1742 wurde Marie-Anne zur Ehrendame der Königin ernannt. Zur Empörung von Richelieu zögerte sie nach dem Weggang ihrer Schwester ihre Hingabebereitschaft an den König einen weiteren Monat hinaus, um dessen sexuelles Verlangen noch zu steigern. Erst auf der dritten gemeinsamen Reise zum Schloss Choisny an der Seine gab Marie-Anne dem Verlangen des Königs nach. Louis XV. war im Dezember 1742 am Ziel seiner Wünsche.

1743 verhielt sich die raffinierte Marie-Anne gegenüber dem König mal abweisend, mal hingebungsvoll und versuchte seine Eifersucht zu schüren, indem sie so tat, als ob sie noch in den Grafen von Agenois verliebt sei. Geschickt verstand sie es, alte Freunde des Königs durch ihr ergebene Personen zu ersetzen und so den Herrscher noch stärker von ihr abhängig zu machen. Bei der Unterhaltung des Königs wurde sie durch ihre Schwestern Diane-Adélaïde und Hortense-Félicité unterstützt.

Im Oktober 1743 verlieh Louis XV. seiner Mätresse Marie-Anne den Titel einer Herzogin von Châteauroux, der ihr Ansehen und ihren Reichtum mehrte. Für den Fall, dass sie ohne männliche Erben sterben würde, sollte das Herzogtum an die Krone zurückfallen. Marie-Anne war nun die offizielle Mätresse („Maîtresse en titre") und genoss weitere Ehrenrechte.

Am 22. Oktober 1743 präsentierte man Marie-Anne in ihrer neuen Rolle am Hof. Dabei wurde sie von der indignierten Königin Maria Leszczynska zum Erhalt der königlichen Gunstbeweise beglückwünscht. Im Überschwang ihrer neuen Macht führte sich Marie-Anne gegenüber vielen Menschen, darunter auch die Königin, sehr hochmütig auf.

Wie ihre Schwester Pauline Félicité bemühte sich auch Marie-Anne um Einfluss in der Politik. Beispielsweise spielte sie bei den Bemühungen der Schriftstellerin Claudine Guérin de Tencin (1682–1749), welche die Karriere ihres geliebten Bruders, des Kardinals Pierre Guérin de Tencin (1680–1758), durch Intrigen fördern

Friedrich II. der Große, König von Preußen (1712–1786).
Porträt des deutschen Malers
Georg Ziesenis der Jüngere (1716–1776)

wollte, eine Rolle. Letzterer hatte nach dem Tod des Regierenden Ministers, Kardinal André-Hercule de Fleury am 29. Januar 1743 bei Louis XV. an Einfluss verloren. Deswegen wandte sich seine Schwester an ihren ehemaligen Geliebten, den Herzog von Richelieu, damit dieser Marie-Anne überreden sollte, sich beim König für Kardinal Tencin einzusetzen. Bei Erfolg wollte der Kardinal für die Aufnahme von Richelieu in den Kronrat sorgen.

Nach schweren Niederlagen von Frankreich im „Österreichischen Erbfolgekrieg" wie am 27. Juni 1743 bei Dettingen in Bayern überredeten die Marquise de Tencin und der Herzog von Richelieu die Mätresse Pauline Félicité dazu, ihren Einfluss auf Louis XV. dazu zu verwenden, dass der König mehr Regierungs-verantwortung übernahm und das Heer persönlich in die Schlacht führte.

Als größter politischer Erfolg von Pauline Félicité gilt ein Bündnis, das Louis XV. auf ihr Betreiben 1744 mit Friedrich II. von Preußen (1712–1786) abschloss. Der Preußenkönig würdigte ihren Beitrag beim Zu-standekommen dieses Pariser Allianzvertrages sogar durch ein an sie perönlich gerichtetes Dankschrei-ben.

Im Mai 1744 eröffnete Louis XV. einen Einmarsch in den österreichischen Teil von Flandern und übernahm dabei selbst den Oberbefehl. Bei seinem Eintreffen in Lille wurde der König von seinen Soldaten und von der

Bevölkerung enthusiastisch empfangen. Dieser Feldzug verlief anfangs erfolgreich.

Marie-Anne befürchtete, ihren Einfluss auf den König zu verlieren und wollte auch an eventuellen Siegen teilhaben. Aus diesem Grund überredete sie Louis XV., dass sie ihn während der Militäroffensive begleiten durfte. Gemeinsam mit ihrer Schwester Diane-Adelaïde traf sie am 8. Juli 1744 in Lille ein. Doch die Verbindung von Louis XV. mit verschiedenen Töchtern von Louis III. de Mailly war vielen Franzen schon lange ein Dorn im Auge. Deswegen hat man die Mätresse des Königs und ihre Schwester Diane-Adelaïde sehr unfreundlich begrüßt und sogar geschmäht. Auch die Soldaten zeigten sich über das Eintreffen der beiden Herzoginnen nicht glücklich. Deswegen inspizierte Louis XV. allein einige bedeutende Städte in Flandern.

Als durch österreichische Truppen an der Ostgrenze von Frankreich Gefahr drohte, zog der König mit seiner Mätresse und seinem Hauptheer nach Metz. Unterwegs erregte Marie-Anne immer wieder den Unmut der Bevölkerung. Auf früheren Stationen seines Feldzuges hatte Louis XV. zwecks Vermeidung von zu viel Aufsehen getrennt von seiner Geliebten logiert und ihre Unterkünfte durch eigens erbaute Gänge miteinander verbinden lassen. In Metz dagegen, wo er am 4. August 1744 eingetroffen war, lebte der König sein Verhältnis mit seiner Mätresse offen aus. Dort ließ er sogar eine Holzbrücke von seiner Residenz zum benachbarten

Aufenthaltsort seiner Mätresse erbauen, damit sie ihn besuchen konnte, ohne dabei beobachtet zu werden. Für viele Franzosen war dieses Verhalten ihres Herrschers ein Skandal.

Im Metz litt der König am 9. August 1744 unter starkem Fieber. Anfangs pflegten ihn nur Marie-Anne und ihre Schwester Diane-Adélaïde. Damit verhinderten sie, dass hohe Würdenträger den Herrscher besuchten und von der Schwere seiner Krankheit erfuhren. Sie befürchteten, der König könne im Bewusstsein, dass er womöglich bald sterben müsse, beichten und Sakramente erhalten. Dies hätte nämlich eine vorherige Trennung von seiner Mätresse vorausgesetzt.

Am 12. August 1744 musste es Marie-Anne zulassen, dass Herzog François de Fitz-James, Bischof von Soissons (1709–1764), über die Todesgefahr für Louis XV. informiert und hohen Würdenträgern der Zutritt zum Krankenbett erlaubt wurde. Einen Tag später bat der König den Beichtvater zu sich und gab dann seine Trennung von Marie-Anne bekannt. Der Bischof von Soissons bestand auf der Abreise der Mätresse und ihrer Schwester Diane-Adélaïde aus Metz. Erst danach wollte er dem schwerkranken König die Heilige Kommunion erteilen.

Aus Angst, vom Mob gelyncht zu werden, verkleideten sich Anne-Marie und Diane-Adélaïde und verließen mit einer Leihkutsche die Stadt Metz. Ihre Furcht war nicht unbegründet. Das zeigte sich bereits bei der Abfahrt, die von Leuten des Bischofs verraten wurde. Im Nu war die Kutsche von einer tobenden Menge umringt und auf das Gefährt prasselte ein Steinhagel nieder. Nur auf Schleichwegen reisten die beiden Schwestern nach Paris.

In der Zwischenzeit bekannte der König – wie es der Bischof von Soissons von ihm verlangt hatte – vor versammeltem Hof, er habe unwürdig gelebt und bitte sein Volk dafür um Verzeihung. Ein solches Ritual heißt „Amende honorable" und war damals bei verurteilten Verbrechern vor der Hinrichtung üblich!

Königin und Kronprinz Louis Ferdinand eilten ans Krankenbett des Königs nach Metz. Als Louis XV. kurz zu sich kam, erkannte er nur seine Frau und bat sie um Verzeihung, doch diese beschwor ihn, er müsse nicht sie, sondern Gott um Vergebung bitten. Seinen ältesten Sohn nahm er nicht wahr.

Überraschenderweise sank am Morgen des 18. August 1744 das Fieber des Königs. Am nächsten Tag fühlte er sich bereits wieder gut genug, um sich rasieren zu lassen. Das Volk jubelte über die Nachricht von der Genesung des Herrschers. Städte und Dörfer feierten dies mit Wein und Feuerwerk.

Am 7. Okober 1744 befand sich Louis XV. wieder beim Heer, das Freiburg im Breisgau belagerte. Dort stand der König vor einer Kapelle, um die Kanonade zu beobachten, als ihn um ein Haar eine von den Österreichern in der Stadt abgefeuerte Kanonenkugel verfehlte. Nach der Kapitulation von Freiburg einen Monat später endete der Feldzug siegreich. Bevor der König nach Versailles zurückkehrte, erließ er Verbannungsbefehle gegen Menschen, die ihn während der Zeit des Feldzuges und seiner Krankheit enttäuscht hatten.

Auf dem Weg nach Paris bejubelte das Volk den König. Seine Familie erwartete ihn in den Tuilerien. Die Hauptstadt befand sich bei der Ankunft von Louis XV. am 13. November 1744 in einem wahren Freudentaumel. „Lang lebe König Louis, der Vielgeliebte", schrieben Feuerwerke in den Nachthimmel.

Weil man am Hof nichts von Kontakten des Königs zu seiner Mätresse gehört hatte und diese seit den Tagen von Metz nicht mehr in Versailles erschienen war, erhoffte sich die Umgebung der Königin eine Aussöhnung. Doch der König erschien am ersten Abend nicht im Schlafzimmer der Königin. Angeblich kratzte Louis XV. am 14. November 1744 dreimal an der Tür der Königin. Doch als diese von ihren Damen auf das Geräusch hingewiesen wurde, sagte sie zunächst, da sei nichts gewesen. Wenig später ließ sie die Tür doch öffnen. Der Flur war leer und die Königin schien deswegen irgendwie erleichtert.

In der Folgezeit traf sich der König heimlich mit seiner verstoßenen Geliebten Anne-Marie wieder. Louis XV. beabsichtigte, sie erneut ehrenvoll als Mätresse bei Hof einführen. Anne-Marie wollte für die erlittenen

Marquise de Pompadour (1721–1764),
geborene Jeanne Antoinette Poisson.
Porträt des französischen Malers
François Boucher (1703–1770) um 1750

Demütigungen Rache üben. Eine ihrer Forderungen war der Sturz ihres verhassten Cousins Jean Frédéric Pelippeaux, Graf von Maurepas, der sich über ihre Verstoßung öffentlich sehr gefreut hatte. Doch diese Forderung konnte Anne-Marie nicht beim König durchsetzen. Stattdessen wurde Maurepas gedemütigt, indem er Anne-Marie persönlich darüber informieren musste, dass sie wieder nach Versailles zur Rückkehr in ihre alte Stellung eingeladen werde.

Aber die Freude von Anne-Marie hierüber währte nicht lange. Eines Tages wurde sie plötzlich von einem heftigen Fieber und danach von einer Lungenentzündung befallen. Ärzte verordneten Aderlässe, die ihre Krankheit noch verschlimmerten. Am 8. Dezember 1744 erlag Anne-Marie im Alter von nur 27 Jahren in Paris ihrer Krankheit. Nach ihrem frühen Tod kursierten Gerüchte, sie sei vergiftet worden. Doch dafür erbrachte eine Obduktion der Leiche keine Beweise.

Anne-Marie wurde innerhalb kurzer Zeit heimlich begraben. Damit verhinderte man, dass ihr Leichnam wie derjenige ihrer Schwester Pauline-Félicité geschändet werden konnte.

Der König war tief betrübt über den Tod von Anne-Marie. Nach einigen Monaten tröstete er sich aber schon wieder mit einer neuen Mätresse, nämlich Madame de Pompadour (1721–1764).

Im März 1751 starb Louise-Julie de Mailly-Nesle „mit kirchlichen Tröstungen versehen" in Paris. Sie hatte nach ihrer Verbannung vom Königshof unter dem Einfluss des wortgewaltigen Pariser Predigers Pater Renaud ein religiöses Leben geführt. In schlichtem Gewand besuchte sie oft Kirchen, betete viel und spendete ihre Einkünfte vor allem den Armen. Man setzte Louise-Julie zwischen Armengräbern am „Cimetière des Innocents" bei. Weil sie keine Kinder hatte, wurde ihr Neffe Louis de Vintimille ihr Universalerbe.

Von den fünf Töchtern der Familie de Mailly-Nesle diente nur Hortense-Félicité nicht am französischen Hof und war auch – wie erwähnt – keine Mätresse von König Louis XV.

Françoise de Châlus (1734–1821),
Mätresse von Louis XV.
Porträt eines unbekannten Malers

Weitere Mätressen
von Louis XV.

Unter den zahlreichen Mätressen von Louis XV. sind zweifellos die Marquise de Pompadour und Madame Dubarry die bekanntesten Gespielinnen dieses liebesbedürftigen Herrschers gewesen. Doch neben ihnen und den vier Schwestern aus der adligen Familie Mailly-Nesle gab es noch etliche andere Geliebte des französischen Königs:

Marie-Louise O'Murphy de Boisfally (1737–1814), genannt „Madame Morphise", „La Morphoise" oder „Morphine", war zwei Jahre lang die Geliebte von König Louis XV., der keiner Frau – und sei sie noch so schön – ewig die Treue hielt. Im Vergleich mit der Marquise de Pompadour und der Gräfin von Dubarry erfreute sie sich nicht so lange wie diese der Gunst des Herrschers. Nach ihrer Affäre mit Louis XV. hatte sie noch drei Ehemänner.

Marie-Louise O'Murphy de Boisfally kam am 21. Oktober 1737 in Rouen (Frankreich) zur Welt. Sie hatte vier ältere Schwestern. Ihr Vater Daniel O'Murphy de Boisfally war ein ehemaliger irischer Soldat, der sich als Schuhmacher in Rouen niedergelassen hatte. Nach dem

Junge Mätresse von Louis XV.:
Marie-Louise O'Murphy de Boisfally (1737–1814).
Gemälde „Die blonde Odaliske"
des französischen Malers
François Boucher (1703–1770) von 1752.
Original in der Alten Pinakothek, München

Tod des Vaters zog die Mutter mit den fünf Kindern nach Paris. In der französischen Hauptstadt betrieb die Mutter einen Handel mit Altkleidern. Die Töchter arbeiteten als Schauspielerinnen oder Modelle und wurden angeblich von Saufbrüdern oder älteren Herren ausgehalten.

Im Alter von 14 Jahren stand Marie-Louise O'Murphy de Boisfally 1751 erstmals nackt Modell für den französischen Maler, Zeichner und Kupferstecher François Boucher (1703–1770). Sie arbeitete damals als Näherin und wurde Louison genannt. Boucher war Hofmaler von König Louis XV., genoss die besondere Wertschätzung von dessen Mätresse Madame de Pompadour (1721–1764) und war wegen seiner frivolen und sinnlichen Motive berühmt. Ursprünglich wollte Boucher nur eine Zeichnung von Marie-Louise anfertigen und sie als im Wasser plantschende Meerjungfrau in eines seiner riesigen Gemälde einfügen. Doch bald kam er auf die Idee, die Reize von Marie-Louise kämen ganz gut auch ohne die Aufmachung als Meerjungfrau aus und widmet ihr ein eigenes Bild.

Galant-frivole Aktgemälde, wie Boucher sie schuf, waren damals bei einer bestimmten männlichen Käuferschicht sehr beliebt. Auch Abel-François Poisson, der Bruder der königlichen Mätresse Madame de Pompadour, war ein Freund dieser erotischen Malerei. Als er das Gemälde von Marie-Louise O'Murphy im Atelier des Males Boucher hängen sah, bestellte er sich gleich ein eigenes Bild. Diese leicht abgewandelte Fassung entstand 1752.

Das erste Gemälde von 1751 heißt „Ruhendes Mädchen", ist 59,5 mal 73,5 Zentimeter groß und befindet sich heute im „Wallraf-Richartz-Museum – Foundation Corboud" (Köln). Das zweite Bild von 1752 trägt den Titel „Die blonde Odaliske", ist 59 mal 73 Zentimeter groß und wird jetzt in der „Alten Pinakothek" (München) aufbewahrt. Einst hatte es sich – wie erwähnt im Besitz des Bruders der Pompadour befinden.

Auf beiden Gemälden räkelt sich ein rothaariges Mädchen, nur mit einem blauem Haarband bekleidet, auf dem Bauch liegend mit leicht angewinkelten Beinen auf einer Chaiselonge. Ihre Lippen sind angeblich noch rot vom Küssen. Das edle Möbelstück ist mit einem kostbar gemusterten gelben Stoff bezogen. Die Chaiselonge stand wohl in einem Adelspalais in Paris. Auf dem Boden liegt eine Rose. Interessiert blickt das nackte Mädchen auf dem Bild über die Lehne hinweg. In einem Buch über die Pompadour wird dieses Motiv als „zauberhaftes Abbild von Zartheit und Lust" bezeichnet.

Auch der italienische Schriftsteller und Abenteurer Ciacomo Girolamo Casanova (1725–1798), der Marie-Louise noch vor Louis XV. in Paris gesehen und angeblich ihre Jungfräulichkeit für den König reserviert hatte, war von ihrer makellosen Schönheit beeindruckt.

Casanova reiste durch ganz Europa, galt als Frauen-kenner und machte sich durch die Schilderungen zahlreicher Liebschaften einen Namen. In seinen Memoiren „Historie de ma vie" erwähnte er auch Marie-Louise.

Abel-François Poisson, der erwähnte Bruder der Pompadour, soll das von ihm erworbene Aktgemälde von Marie-Louise dem König gezeigt haben, worauf das Schicksal seinen Lauf nahm. Louis XV. war von dem Bild der nackten Schönheit so stark beeindruckt, dass er sich Marie-Louise vorstellen ließ. Beim ersten Treffen verglich der König das Mädchen mit dem Aktbild und kam zu dem Schluss: „Ich habe nie etwas von so großer Ähnlichkeit gesehen." Daraufhin lachte Marie-Louise und parierte eine Nachfrage des Königs geschickt mit den Worten: „Ich lache, weil Sie einem Ecu von 6 Francs wie ein Wassertropfen gleichen."

Die 15-jährige Marie-Louise O'Murphy wurde im Frühjahr 1753 eine der Mätressen des Königs von Frankreich. Außer Adrien Maurice Graf von Ayen, Herzog von Noilles (1678–1766), dem die Pompadour ihre ehemaligen Räume neben den Privatgemächern des Königs überlassen hatte, damit Louis XV. dort keine seine Geliebten einquartieren konnte, bekam kein weiterer Höfling sie im Schloss Versailles zu Gesicht. Der Pompadour behagte es nicht, wie oft sich der König mit dem Mädchen traf, das im „Hirschpark" Quartier bezogen hatte.

Im Alter von 16 Jahren brachte Marie-Louise am 20. Juni 1754 eine illegitime Tochter namens Agathe Louise de Saint-Antoine (1754–1774) zur Welt. Auch danach wohnte sie zeitweise als einzige Geliebte des Königs weiterhin in dessen Privatbordell „Hirschpark". Anderen Gespielinnen von Louis XV. wurden meistens nach der ersten Schwangerschaft mit einem anderen Mann verheiratet.

Als sie etwa zwei Jahre lang Mätresse gewesen war, versuchte Marie-Louise 1755 die einflussreiche Geliebte des Königs, Madame de Pompadour, zu verdrängen. Doch sie verlor diesen Machtkampf mit der 16 Jahre älteren Konkurrentin. Denn Louis XV. hatte nicht vor, sich von der Pompadour zu trennen. Sie war zwar nicht mehr seine Bettgenossin, doch stattdessen seine überaus geschätzte Freundin in vielen Dingen. Auf sie wollte der König nicht verzichten. Trotzdem bangte die Pompadour um ihre Stellung.

Erst durch eine böse List wurde Madame de Pompadour ihre lästige Konkurrentin los. Madame de Valentinois, die Schwägerin des Prinzen von Monaco, gab Marie-Louise den angeblich „gutgemeinten" Rat, sie solle den König hin und wieder fragen, wie dieser seine „alte Frau", womit die Pompadour gemeint war, behandle. Naiv befolgte Marie-Louise diesen Rat und besiegelte damit ihren eigenen Untergang als königliche Geliebte. Denn Louis XV. duldete nicht, dass abwertend über Madame de Pompadour gesprochen wurde. Zornig sagte der

König zu Marie-Louise: „Unglückliche, wer hat Sie angestiftet, mir diese Frage zu stellen?" Selbst Tränen und Entschuldigungen sowie das Benennen der Anstifterin ihrer Fragen halfen nichts mehr. Der König verließ seine Geliebte voller Wut und sah sie nie wieder.

1755 soll Louis XV. auch mit Brigitte O'Murphy, einer älteren Schwester von Marie-Louise O'Murphy, ein Techtelmechtel begonnen haben. Diese hatte dem Maler François Boucher ebenfalls als Modell gedient. Die Affäre des Königs mit Brigitte O'Murphy dauerte aber offenbar nicht lange.

Marie-Louise O'Murphy de Boisfally hatte in der Folgezeit weitere Geliebte im Umfeld des Hofes. Ungeachtet dessen erreichte sie nie wieder ihren früheren hohen Status, den sie als Gespielin von Louis XV. genossen hatte.. Der König zeigte zwar kein Interesse mehr an ihr, kümmerte sich aber um ihre finanzielle Absicherung. Er stellte ihr 21.000 Francs zur Verfügung und arrangierte eine standesgemäße Heirat.

Erster Ehemann von Marie-Louise wurde 1755 der bretonische Major Jacques de Beaufranchet, Seigneur d'Ayat (1731–1757), der im Stab des Marschalls de Soubis als Offizier diente. Für ihre höfische Aussteuer soll die abgeschobene Geliebte des Königs auf der abgewirtschafteten Burg ihrer Schwiegereltern in der Auvergne wenig Verwendung gehabt haben. Ihr erster

Gatte starb am 7. November 1757 während des Siebenjährigen Krieges in der Schlacht von Rossbach (Sachsen) im Alter von 26 Jahren. Wenige Wochen nach seinem Tod kam am 24. November 1757 sein Sohn Louis Charles Antoine de Beaufranchet (1757–1812) zur Welt. Es kursierten zwar Gerüchte, der König sei der leibliche Vater dieses Jungen gewesen, doch dafür lagen keine Beweise vor. Während der Französischen Revolution (1789–1799) stand Louis Charles Antoine de Beaufranchet auf der Seite der Revolutionäre und somit der Gegner des Königshauses.

Nach dem Tod ihres ersten Mannes verließ Marie-Louise mit ihrem Sohn Louis Charles Antoine bald die Burg ihrer Schwiegereltern. Sie war seit ihrem Intermezzo als Geliebte des Königs dem Luxus verfallen und hatte keine Lust, ihr weiteres Leben auf dem „Krähennest" in der Provinz zu fristen.

Zweiter Ehemann von Marie-Louise wurde 1759 François Nicolas Le Normant, Graf von Flaghac (1725–1783), ein Witwer mit drei Kindern. Aus dieser Ehe ging 1768 die Tochter Marguerite hervor. Der zweite Mann starb 1783. Angeblich gelangte Marie-Louise als Geliebte des Abbé Joseph-Marie Terray (1715–1778), der ab 1769 Finanzminister von Louis XV. war, sogar noch einmal in den Dunstkreis des Königshofes.

Als dritter Ehemann folgte 1795 der 28 Jahre jüngere Louis-Philippe Dumont de la Rochelle (1765–1853), ein

Abgeordneter des Départements Calvados im Natio-
nalkonvent. Von ihm wurde Marie-Louise 1797 ge-
schieden.

Durch ihre drei Ehen soll Marie-Louise ein be-
trächtliches Vermögen angehäuft haben. Ihr adliger
Sohn machte eine wechselvolle Karriere unter Kaiser
Napoléon (1769–1821).

Marie-Louise überlebte ihre eigenen Kinder, zwei ihrer
Ehemänner, zwei Könige und deren Mätressen, die
Französische Revolution und das Kaiserreich.

Zur Zeit der Französischen Revolution wurde sie wegen
ihrer Verbindung zum Königshof kurzzeitig inhaftiert.
Am 11. Dezember 1814 starb sie im Alter von 77 Jahren
in Paris.

Françoise de Châlus, geboren am 24. Februar 1734 in
Saint-Germain-Lembron, gestorben am 7. Juli 1821 in
Paris, war die Tochter von Gabriel de Châlus, Seigneur
de Sansac (geboren um 1710), und Claire de Géraud de
Solages. Am 13. Juli 1749 heiratete sie Jean-François de
Narbonne-Lara (1718–1806), der 1780 zum Herzog von
Narbonne-Lara aufstieg. Der erste Herzog entstammte
der Familie der ehemaligen Vizegrafen von Narbonne
aus dem Haus Manrique de Lara, was den Fa-
miliennamen Narbonne-Lara erklärt. Der Titel Herzog
von Narbonne-Lara erwies sich als ein kurzlebiger
Adelstitel. Er erlosch schon 1834 mit dem zweiten
Herzog wieder. Françoise war eine der Hofdamen der

Prinzessin Marie-Adélaïde (1732–1800), der Tochter von König Louis XV. und seiner Ehefrau Maria Leszczynska. Um 1750 wurde der König auf Françoise de Châlus aufmerksam und machte sie zu seiner Mätresse. Aus der Affäre mit Louis XV. gingen vermutlich die Söhne Philippe, Herzog von Narbonne-Lara (1750–1834), und der in Parma (Italien) geborene Louis de Bourbon, Graf von Narbonne-Lara (1755–1813), hervor. Um 1755 soll die Beziehung vorbei gewesen sein. Der Sohn Louis starb 1813 im Kampf in Torgau (Sachsen).

Charlotte-Rosalie de Romanet (1733–1753) war die Tochter von Pierre-Jean de Romanet (1685–1750) und Marie-Charlotte d'Estrades. Außerdem war sie die Nichte von Elisabeth-Charlotte Huguet de Sémonville, Gräfin von Estrades (geboren 1696), einer entfernten Verwandten der offiziellen königlichen Mätresse Marquise de Pompadour. Madame d'Estrades war eine Cousine von Charles-Guillaume Le Normant d'Étiolles, des geschiedenen Ehemannes der Pompadour. Zeitweise fungierte sie als Gesellschaftsdame der Pompadour, später als Schmuckaufseherin bei den Töchtern (Mesdames) des Königs. Pikanterweise war Madame d'Estrades die Geliebte des Kriegsministers und Pompadour-Gegners Pierre Marc de Voyer de Paulmy, Graf von Argenson (1696–1764). Die Pompadour ahnte wohl, wie wenig die Freundschaft ihrer angeblich besten Freundin Madame d'Estrades wert war. Ungeachtet dessen brachte die Pompadour selbst leichtsinnigerweise Charlotte-Rosalie de Romanet in die ständige Nähe ihres geliebten Königs. 1749 verhalf sie der jungen Dame zu einer Stellung als Ehrendame bei den Töchtern des Königs und erhoffte sich vielleicht Informationen über die Machenschaften der ihr nicht wohlgesonnenen Mesdame Marie Adélaïde. Am 25. Januar 1751 heiratete die 18-jährige Charlotte-Rosalie de Romanet den Adligen François Martial, Graf von Choiseul-Beaupré (1717–1791). Die Hochzeitsfeier fand im Schloss Bellevue statt, wo das junge Paar seine Flitterwochen verbringen durfte. In der Folgezeit hielt sich das Paar bei vielen Gelegenheiten in der Nähe des Königs auf, obwohl die Pompadour von wohlmeinenden Freunden davor gewarnt wurde. Im Sommer 1752 wurde Louis XV. auf die temperamentvolle, fröhliche und attraktive Charlotte-Rosalie aufmerksam. Beraten von Madame d'Estrades betörte Charlotte-Rosalie den König mit einem Spiel aus Verlockung und Verweigerung. Das wahre Ziel von Madame d'Estrades war die Ablösung ihrer angeblichen Freundin Madame de Pompadour als offizielle königliche Mätresse durch Charlotte-Rosalie de Romanet, Gräfin von Choiseul-Beaupré. Louis XV. verfiel der jungen Verführerin und diese glaubte bald, am Ziel ihrer Wünsche zu sein.

Bei einem Aufenthalt im Schloss Fontainebleau schlich der 42 Jahre alte König heimlich in froher Erwartung zum Schlafgemach der 19-jährigen Charlotte-Rosalie.

Doch auf dem Weg dorthin stieß er sich auf einer engen und schlecht beleuchteten Geheimtreppe so heftig an sein Knie, dass er zumindest für diese Nacht um sein erhofftes Vergnügen gebracht wurde. Da Madame d'Estrades und deren Geliebter d'Argenson wussten, wie schnell der König bei Problemen ein Ziel aufgab, sorgten sie schnell für eine neue Gelegenheit der Hingabe von Charlotte-Rosalie.

Ein Jahr nach ihrer Hochzeit mit dem Grafen von Choiseul-Beaupré stürzte die 19-jährige Charlotte-Rosalie mit aufgelöstem Haar aus dem Zimmer des Königs in einen Raum, in dem sich Madame d'Estrades, d'Argenson und dessen Sekretär aufhielten. Sie warf sich Madame d'Estrades in die Arme und hauchte vernehmlich: „Ja, es ist soweit. Ich werde geliebt ... Er ist glücklich ... Sie [die Pompadour] wird fortgeschickt. Er hat mir sein Wort darauf gegeben."

Charlotte-Rosalie brachte den König sogar dazu, einen Brief aufzusetzen, in dem er die Verbannung der Pompadour ankündigte und an ihrer Stelle sie selbst zur offiziellen Mätresse machte. Diesen Brief überließ sie ihrem Lieblingsvetter Etienne François, Graf von Stainville (1719–1785), der als Herzensbrecher bekannt war und für sie eine Antwort formulieren sollte. Stainville ging mit dem Brief zu seinem Schwager Charles Antoine, Marquis de Gontaut (1708–1800), und fragte, was er damit machen solle. Gontaut überzeugte Stainville, es sei für alle Beteiligten das Beste, wenn er den Brief und sein Wissen der Pompadour zur Verfügung stelle.

Bei einem schnell arrangierten Treffen erfuhr die Pompadour durch Stainville, dass Charlotte-Rosalie ein Kind erwarte, das vermutlich aus der Affäre mit dem König stammte. Außerdem überreichte er ihr den Brief des Königs.

Noch am selben Abend beschwerte sich die Pompadour empört über diesen Skandal bei Louis XV. Der König war erzürnt über die Indiskretion seiner Geliebten Charlotte-Rosalie und verfügte unverzüglich deren Verbannung aus einer Umgebung. Noch in der Nacht mussten Charlotte-Rosalie und ihr Ehemann das Schloss Fontainebleau verlassen. Die 19-jährige Charlotte-Rosalie starb ein halbes Jahr nach diesem Skandal am 2. Juni 1753 im Kindbett. Madame de Pompadour verhielt sich gegenüber ihrer „falschen" Freundin Madame d'Estrades und d'Argenson weiterhin korrekt. Vermutlich wusste sie, dass deren Abstieg nicht mehr fern war. Stainville genoss fortan nicht die Sympathie des Königs. Er ärgerte Louis XV. nicht nur durch die Aufdeckung dieses Skandals, sondern auch damit, dass dieser beim Spiel eine „horrende Summe" an ihn verlor. 1756 wurde Stainville zum Gesandten in Rom ernannt, womit der König seinen Anblick nicht mehr ertragen musste. 1758 stieg er zum Herzog von Choiseul und zum Außenminister auf, 1761 zum Kriegsminister.

Marguerite-Catherine Haynault, geboren am 11. November 1736 in Paris, gestorben am 17. März 1823 in Montmélas, war die Tochter des Pariser Tabakhändlers Jean-Baptiste Haynault und von Catherine Couperis de La Salle. Auch Marguerite-Catherine diente der erwähnten Prinzessin Marie-Adélaïde als Hofdame. In dieser Funktion fiel sie dem König auf und wurde von etwa 1760 bis 1762 seine Mätresse. Während der Affäre mit Louis XV. kamen die Töchter Agnés-Loise (1760–1837) und Anne-Louise (1762–1831) zur Welt. 1766 heiratete Marguerite-Catherine Haynault den Adligen Blaise d'Arod, Marquis de Montmélas (gestorben 1737). Ihre Tochter Agnés-Louise wurde 1778 in Paris die Ehefrau von Gaspar d'Arod, Graf von Montmelas (gestorben 1815). Die Tochter Anne Louise vermählte sich 1780 mit Gabriel Graf von Geslin (gestorben 1796).

Lucie-Madeleine d'Estaing, genannt Madame de Ravel, geboren am 10. Mai 1743 in Paris, gestorben am 7. April 1826 in Clermont-Ferrand, war die illegitime Tochter von Charles-François, Graf von Estaing, Marquis de Saillans, Vizegraf von Ravel (1683–1746), und Madeleine Erny de Milford (1703–1775). Wegen ihrer Schönheit wurde Louis XV. auf Lucie-Madeleine aufmerksam und machte sie ab 1761 bis 1763 zu seiner Mätresse. Aus der Affäre mit dem König gingen die Töchter Agnés-Lucie d'Auguste (1761–1822) und Aphrodite-Lucie d'Auguste (1763–1819) hervor. Agnés-Lucie d'Auguste heiratete 1777 Charles de Boysseulh, Marquis de Boysseulh (1753–1808). Aphrodite-Lucie d'Auguste heiratete 1784 Louis Jules de Boysseulh (1758–1795) in Paris und starb 1819 im Schloss Boysseulh. Die Genealogie der Familie d'Estaing zeigt keine Beziehung zu der Familie des früheren französischen Staatspräsidenten Giscard d'Estaing, der seinen Namen 1922 übernommen hat.

Anne Coupier de Romans, Baronesse de Meilly-Coulogne, geboren am 19. Juni 1737 in Grenoble, gestorben am 27. Dezember 1808 in Versailles, war die Tochter von Jean-Joseph-Roman Coupier de Romans, Baron de Meilly-Coullonges, Marquis de Cavanac, und von Madeleine Armand. In der Literatur findet man auch die Schreibweisen Couffier oder Couppier ihres Familiennamens. Eine Tante von Anne Coupier de Romans wohnte nahe des Palais-Royal in Paris, hatte einschlägige Erfahrungen als Kupplerin und vielleicht auch alte Kontakte zum Kammerdiener Dominique Guillaume Lebel des Königs. Anne stand als Hofdame in Diensten der erwähnten Prinzessin Marie-Adélaïde. Wie bei anderen Hofdamen warf der König auf sie ein Auge und erkor sie 1761 zur Mätresse. Anne war sich für den „Hirschpark" zu schade und forderte ein eigenes kleines Haus in Passy, das sie erhielt. Aus dieser Affäre stammte der im Dezember 1761 in Passy geborene Sohn, der am 13. Januar 1762 vom Ortspfarrer unter

Anne Coupier de Romans,
Baronesse de Meilly-Coulogne (1737–1808).
Porträt eines unbekannten Malers

wahrheitsgemäßer Nennung der wahren Eltern auf den Namen Louis Aimé (1761–1787) getauft wurde. Der Junge war das einzige Kind einer Mätresse, das König Louis XV. anerkannte. Anne stillte ihren Sohn selbst. Der König soll gelächelt haben, wenn Anne von Dienstboten verlangte, das Baby wie einen Thronfolger zu behandeln. Im Sommer sah man Anne in den Gärten des Schlosses Marly, was niemand schaffte, der nicht zur Hofgesellschaft gehörte. Dies beunruhigte die Pompadour so sehr, dass sie in den Gärten der Tuilerien die Mutter und das Kind in Augenschein nahm. In dieser schwierigen Zeit wurde die Pompadour von der Marschallin Mirepoix getröstet, der König würde sie nie aufgeben. Dass Louis XV. die Pompadour weiterhin schätzte, bewies er, indem er ihr ein bequemes Refugium in Nähe des Hofes schenken wollte. Er ließ im Park von Versailles das Lustschloss „Petit Trianon" („Kleines Trianon") errichten. Irgendwann war der König von Anne Coupier gelangweilt. Sein Kammerdiener Lebel brachte sie in einem Kloster unter, bis ein geeigneter Ehemann für sie gefunden wurde. Louis Aimé wurde in eine Schule gesteckt und seinem königlichen Vater immer ähnlicher. 1772 vermählte sich Anne Coupier de Romans mit Gabriel Guillaume de Siran, Marquis de Cavanac (gestorben 1784). Fortan trug sie den Titel Marquise de Cavanac. Ihr Sohn kam in ein Prie- sterseminar und später zu Kardinal François-Joachim de Pierre de Bernis (1715–1794), Graf von Lyon, nach Rom. Louis Aimé de Bourbon starb am 28. Februar

1787 im Alter von 25 Jahren in Neapel (Italien) an Pocken.

Jeanne-Louise Tiercelin de La Colleterie, genannt Madame de Bonneval, geboren am 25. Dezember 1746 in Mortagne-au-Perche, gestorben am 5. Juli 1779 in Saint-Germain-en-Laye, war die Tochter von Pierre Tiercelin de La Colleterie und Jeanne-Jacqueline Vautorte. Sie hatte von 1762 bis 1765 eine Affäre mit König Louis XV. Aus dieser Verbindung ging der am 7. Februar 1764 in Paris geborene Sohn Benoît-Louis Le Duc (1764–1837). Die junge Mutter war zum Zeitpunkt ihrer Niederkunft etwa 18 Jahre alt. Jeanne-Louise Tiercelin de La Colleterie starb im Alter von nur 32 Jahren. Ihr Sohn Benoît-Louis Le Duc wurde später katholischer Geistlicher. Er fungierte als Prior von Saint Martin des Champs und Abbé von Saint Vincent de Laon. Sein Spitzname war „l'Abbe de Bourbon".

Marie Irène Catherine du Buisson de Longpré (1720–1767) war die Tochter von Jacques du Buisson, Seigneur de Longpré, und Marie-Elisabeth-Irène de Séran. Am 21. Januar 1747 heiratete sie den nichtadligen königlichen Berater Charles François Filleul (1709–1772). Auch Marie Irène Catherine war eine der Hofdamen der erwähnten Prinzessin Marie-Adélaïde. Um 1750 wurde der König auf sie aufmerksam und machte sie zu seiner Mätresse. Sichtbares Zeugnis dieser Affäre war die

Tochter Julie Filleul (1751–1822). Erster Ehemann der Tochter Julie Filleul wurde 1767 Abel-François Poisson de Vandières, Marquis de Marigny (1727–1781), der jüngere Bruder von Madame de Pompadour. Als zweiter Ehemann folgte von 1783 bis 1793 François de La Cropte, Marquis de Bourzac (gestorben 1803). Eine weitere Tochter von Irène du Boisson de Longpré war Adélaide Filleul (1761–1836). Letztere wurde Schriftstellerin und heiratete zunächst Charles-François de Flahaut de La Billarderie (1726–1794), und später Charles-Joseph de Flahaut (1785–1870), den illegitimen Sohn des Staatsmannes Charles-Maurice de Talleyrand-Périgord (1754–1838).

Beatrice de Choseuil-Stainville, Herzogin von Gramont, wurde 1730 in Paris geboren und starb 1794 unter dem Fallbeil. In ihrer Jugend war sie Chorfrau bzw. Stiftsdame (Kanonikerin) von Remiremont. 1759 heiratete sie Antoine Adrien, Herzog von Gramont (1726–1762), den Gouverneur von Navarra und Bearn, verließ ihn aber bereits nach drei Monaten wieder. Sie war die Schwester des Ministers Etienne François, Graf von Stainville, Herzog von Choiseul (1719–1785). Nach dem Tod von Madame de Pompadour im Frühjahr 1764 wollte der Herzog von Choiseul verhindern, dass eine Mätresse aus dem Lager seiner Gegner seine Stellung als Außen- und Kriegsminister gefährdete. Deswegen kam es ihm sehr gelegen, dass seine Schwester Beatrice,

Beatrice de Choseuil-Stainville,
Herzogin von Gramont (1730–1794).
Porträt des schwedischen Malers
Alexander Roslin (1718–1793)

die als wahres Mannweib geschildert wird, die Gunst der Stunde nutzte, um die Geliebte des Königs zu werden. Die hässliche und maskuline Beatrice überraschte Louis XV. in seinem Bett und vergewaltigte ihn fast. Das wiederholte sich vielleicht noch einige Male, bis der König diese Variante des Geschlechtsaktes und den selbstherrlichen Charakter der Herzogin unerträglich fand und die Affäre beendete. Während der Französischen Revolution wurde die Herzogin von Gramont zusammen mit ihrer Freundin Diane Adélaïde Rochechouart, Herzogin von Chastelet (1732–1794), zum Tod durch die Guillotine verteilt. Bevor Beatrice am 17. April 1794 unter dem Fallbeil starb, verteidigte sie mutig ihre Freundin: „Womit hat euch dieser Engel beleidigt, dieses sanfte Wesen, das nie Unrecht getan hat, dessen ganzes Leben nichts ist, als eine Reihe von Äußerungen der Tugend, Liebe und Wohltätigkeit?"

Marie Madeleine Barthélemy Thoynard de Jouy, Gräfin von Esparbès (1719–1766), war die Tochter von Barthélemy Thoynard de Jouy (gestorben 1752) und Marie Anne de Saint-Pierre (gestorben 1768). Im Alter von etwa 17 Jahren heiratete sie 1736 Louis Armand de Labriffe (gestorben 1752). Aus der Ehe ging der Sohn Arnauld Barthélemy de Labriffe hervor. Sie wurde nach Beatrice de Choseuil-Stainville, Herzogin von Gramont, die Geliebte von Louis XV. Die attraktive und freizügige Rothaarige hatte etliche Liebhaber, zu denen auch der

Herzog von Choiseul gehört haben soll. Möglicherweise war sie bereits zu Lebzeiten von Madame de Pompadour eine Geliebte von Louis XV. gewesen. Madame de Esparbès, die seine Schwester Beatrice aus dem Bett des Königs verdrängt hatte, erschien dem Herzog von Choiseul sehr gefährlich. Deswegen wandte er gegen sie eine List an. Er stiftete eine Freundin der Gräfin von Esparbès an, diese über die sexuellen Vorlieben des Königs auszuhorchen und alles sorgfältig aufzuschreiben. Diesen „Bericht" legte Choiseul dem König vor und log, er sei von der Gräfin von Esparbès verfasst. Außerdem behauptete er, diese Dame brüste sich, bald Herzogin und offizielle Mätresse des Königs zu sein. Wie erhofft, ließ Louis XV., der Indiskretionen verabscheute, die Gräfin von Esparbès sofort fallen und vom Hof verbannen. Danach wandte er sich wieder den Damen im „Hirschpark" zu.

Catherine Éléonore Bérnard, geboren am 4. Februar 1740 in Versailles, gestorben am 23. Juni 1769, war die Tochter von Pierre Bérnard (1695–1755), der als Stallmeister von König Louis XV. arbeitete, und seiner Cousine Barbe Bernard. Auch Catherine Éléonore diente der Prinzessin Marie Adélaïde als Hofdame. Damit geriet sie in das Blickfeld von König Louis XV. und wurde um 1768 seine Mätresse. Am 11. März 1768 hatte sich Catherine Éléonore Bérnard in Nogent-sur-Marne mit Joseph Baron de Monteyran (1729–1794) vermählt.

Sie starb am 23. Februar 1769 im Alter von 29 Jahren bei der Geburt der Tochter Louise Françoise Adélaïde (1769–1850) im Schloss Versailles. Als Vater von Louise Françoise Adélaïde gilt der König. Dessen Tochter Prinzessin Marie-Adélaïde übernahm die Patenschaft für das Kind ihrer ehemaligen Hofdame. Das unehelich geborene Mädchen Louise Françoise Adélaïde heiratete 1797 Jean Pierre Bachasson, Graf von Montalivet (1766–1823).

Marie Thérèse Françoise Boisselet, geboren 1731 in Paris, gestorben 1800, war die Tochter von Pierre-Sulpice Boisselet (1715 geboren) und von Marie-Thérèse Carouailles (1720 geboren). Sie wurde 1768/1769 die Mätresse von Louis XV. Aus dieser Affäre ging am 23. Januar 1769 der Sohn Charles Louis Cadet de Gassicourt (1769–1821) hervor. Marie Thérèse Françoise heiratete 1771 in Paris den französischen Chemiker, Apotheker und Freimaurer Louis Claude Cadet de Gassicourt (1731–1799), der in die Annalen der Wissenschaft einging. Louis Claude Cadet war erster Apotheker und Senior des königlichen Pariser Invaliden-Hospitals und Oberinspektor der Apotheken der französischen Militärhospitäler. Später wurde er Direktor der Porzellanmanufaktur in Sèvres. 1766 wählte man ihn zum Mitglied der „Académie des sciences". De Gassicourt arbeitete 1760 an unsichtbaren Tinten („Geheimtinten") auf der Basis von Cobalt-Salzen. Er verwendete Cobalt-Mineralien, die mit Arsenik verunreinigt waren. Bei der Destillation dieser Mineralien zusammen mit Kaliumacetat bildete sich Tetramethyldiarsin, eine sehr widerlich riechende, hochgiftige Verbindung. Diese Verbindung bezeichnete man zunächst als „Cadets Flüssigkeit"oder „Cadet'sche rauchende Flüssigkeit". Dabei handelte es sich um die erste historische belegbare Synthese einer metallorganisischen Verbindung. Marie Thérèse Françoise starb am 1. September 1800 im Alter von 69 Jahren.

Auf der Internetseite „Frankreichs Bourbonen" werden unter der Rubrik „Louis XV. Mätressen & uneheliche Kinder weitere Geliebte des Königs von Frankreich erwähnt:

um 1748 Anne-Marie de Montmorency Luxemburg
1749 Marie-Marie Françoise-Reneé de Carbonell de Canisy, Gräfin von Forcalquier
1753 Mademoiselle Trusson, Tochter einer Angestellten des Auswärtigen Amtes und einer Kammerfrau der Dauphine
1753 Mademoiselle de Niquet, Tochter des Parlamentspräsidenten von Toulouse
1755 bis 1759 Mademoiselle de Saint-André, Nichte einer Friseurin
1755 bis 1759 Mademoiselle David

1755 bis 1759 Mademoiselle Armory, genannt „Mimi",
Tochter einer Operntänzerin sowie Mätresse des Königs
und des Herzogs von Choiseul, heiratete einen Ame-
rikaner
1756 Mademoiselle Selin
1756 Mademoiselle Robert
1756 Marie-Louise de Marny
1765 bis 1768 Mademoiselle Thoinard
1772 Françoise-Marie-Antoinette Raucourt,
Schauspielerin der Comédie
1773 Françoise-Marie-Hélène de Tournon, Tochter des
Barons von Retourtour, heiratete den Vicomte Adolphe
Du Barry

Sicherlich gab es darüber hinaus noch weitere Geliebte
von Louis XV.

Schloss Versailles:
Dort erlebte Louis XV.,
König von Frankreich und Navarra,
mit seinen Mätressen
viele schöne Stunden.

Literatur

CRAVIERI, Benedetta: Königinnen und Mätressen, Mailand 2005

GONCOURT, Edmond de / GONCOURTL, Jules de: Madame Pompadour, München 2000

JUREWITZ-FREISCHMIDT, Sylvia: Galantes Versailles. Die Mätressen am Hof der Bourbonen. Gernsbach 2004

KARASEK, Horst: Die Vierteilung. Wie dem Königsmörder Damiens 1757 in Paris der Prozeß gemacht wurde, Berlin 1994

KUSTER, Thomas: Jeanne Antoinette Poisson. Marquise de Pompadour: Aus: Der Aufstieg und Fall der Mätresse im Europa des 18. Jahrhunderts. Eine Darstellung anhand ausgewählter Persönlichkeiten. Phil. Dipl., Innsbruck 2001

MATHY, Helmut: Die Halsbandaffäre. Kardinal Rohan und der Mainzer Kurfürst. Aurea Moguntia, Band 3, Mainz 1989

MITFORD, Nancy: Madame de Pompadour, München 1991

PROBST, Ernst: Superfrauen 1 – Geschichte, Mainz-Kostheim 2001

SCHULTZ, Uwe: Madame de Pompadour, München 2004

THE PEERAGE.COM A genealogical survey of the peerage of Britain as well as the royal families of Europe http://www.thepeerage.com

WIKIPEDIA (Online-Lexikon) http://wikipedia.org

WUNDERLICH, Dieter: Madame Pompadour. Eine Mätresse greift in die Politik ein. Aus: EigenSinnige Frauen. Zehn Porträts, München 2006

Bildquellen

Klaus Benz, Fotograf, Mainz-Laubenheim: 62

Reproduktion eines Gemäldes eines unbekannten Künstlers: 12

Reproduktion eines Porträts des französischen Malers François Boucher (1703–1770): 28, 34

Reproduktion eines Porträts des französischen Malers Alexis Grimou (1678–1733): 4

Reproduktion eines Porträts des französischen Malers Louis-Michel van Loo (1707–1771): 1

Reproduktion eines Porträts des schwedischen Malers Alexander Roslin (1718–1793): 52

Reproduktion eines Porträts des deutschen Malers Johann Georg Ziesenis der Jüngere (1716–1776): 22

Reproduktionen von Porträts des französischen Malers Jean-Marc Nattier (1685–1766): 10, 13, 16, 18, 48

Reproduktionen von Porträts unbekannter Künstler: 32, 48

Marc Vassal/CC-BY-SA3.0: 58 (via Wikimedia Commons), lizensiert unter CreativeCommons-Lizenz by-sa-3.0-en
http://creativecommons.org/licenses/by-sa/3.0/legalcode

Autor Ernst Probst

Der Autor

Ernst Probst, geboren am 20. Januar 1946 in Neunburg vorm Wald im bayerischen Regierungsbezirk Oberpfalz, ist Journalist und Wissenschaftsautor. Er arbeitete von 1968 bis 1971 als Redakteur bei den „Nürnberger Nachrichten", von 1971 bis 1973 in der Zentralredaktion des „Ring Nordbayerischer Tageszeitungen" in Bayreuth und von 1973 bis 2001 bei der „Allgemeinen Zeitung", Mainz. In seiner Freizeit schrieb er Artikel für die „Frankfurter Allgemeine Zeitung", „Süddeutsche Zeitung", „Die Welt", „Frankfurter Rundschau", „Neue Zürcher Zeitung", „Tages-Anzeiger", Zürich, „Salzburger Nachrichten", „Die Zeit", „Rheinischer Merkur", „Deutsches Allgemeines Sonntagsblatt", „bild der wissenschaft", „kosmos", „Deutsche Presse-Agentur" (dpa), „Associated Press" (AP) und den „Deutschen Forschungsdienst" (df). Aus seiner Feder stammen die Bücher „Deutschland in der Urzeit" (1986), „Deutschland in der Steinzeit" (1991), „Rekorde der Urzeit" (1992), „Dinosaurier in Deutschland" (1993 zusammen mit Raymund Windolf) und „Deutschland in der Bronzezeit" (1996). Von 2001 bis 2006 betätigte sich Ernst Probst als Buchverleger sowie zeitweise als internationaler Fossilienhändler und Antiquitätenhändler. Insgesamt veröffentlichte er mehr als 300 Bücher, Taschenbücher, Broschüren und E-Books.

Bücher von Ernst Probst

Superfrauen 1 – Geschichte
Superfrauen 2 – Religion
Superfrauen 3 – Politik
Superfrauen 4 – Wirtschaft und Verkehr
Superfrauen 5 – Wissenschaft
Superfrauen 6 – Medizin
Superfrauen 7 – Film und Theater
Superfrauen 8 – Literatur
Superfrauen 9 – Malerei und Fotografie
Superfrauen 10 – Musik und Tanz
Superfrauen 11 – Feminismus und Familie
Superfrauen 12 – Sport
Superfrauen 13 – Mode und Kosmetik
Superfrauen 14 – Medien und Astrologie

Superfrauen aus dem Wilden Westen

Königinnen der Lüfte von A bis Z
Königinnen der Lüfte in Deutschland
Königinnen der Lüfte in Frankreich
Königinnen der Lüfte in England, Australien
und Neuseeland
Königinnen der Lüfte in Europa
Königinnen der Lüfte in Amerika

Königinnen des Films 1
Königinnen des Films 2
Königinnen des Films in Italien
Königinnen des Tanzes
Königinnen des Theaters

Cortés und Malinche. Der spanische Eroberer
und seine indianische Geliebte
Elisabeth I. Tudor. Die jungfräuliche Königin
Maria Stuart. Schottlands tragische Königin
Sieben berühmte Indianerinnen
Zenobia von Palmyra. Eine Frau kämpft gegen
die Römer

Christl-Marie Schultes. Die erste Fliegerin in Bayern
(zusammen mit Theo Lederer)
Drei Königinnen der Lüfte in Bayern.
Thea Knorr – Christl-Marie Schultes – Lisl Schwab
(zusammen mit Josef Eimannsberger)
Liesel Bach. Deutschlands erfolgreichste Kunstfliegerin
Melli Beese. Die erste Deutsche mit Pilotenlizenz
Elly Beinhorn. Deutschlands Meisterfliegerin
Marga von Etzdorf. Die tragische deutsche Fliegerin
Thea Knorr. Eine frühe Fliegerin in München
Angelika Machinek. Eine Segelfliegerin der Weltklasse
Thea Rasche. The Flying Fräulein
Hanna Reitsch. Die Pilotin der Weltklasse
Lisl Schwab. Eine Kunstfliegerin aus den 1930-er Jahren

66

Sturzflüge für Deutschland. Kurzbiografie der
Testpilotin Melitta Schenk Gräfin von Stauffenberg
(zusammen mit Heiko Peter Melle)
Beate Uhse. Deutschlands erste Stuntpilotin
Tony und Bruno Werntgen. Zwei Leben
für die Luftfahrt (zusammen mit Paul Wirtz)

Rekorde der Urzeit. Landschaften, Pflanzen
und Tiere
Rekorde der Urmenschen. Erfindungen, Kunst
und Religion
Archaeopteryx. Der Urvogel aus Bayern

Dinosaurier von A bis K
Dinosaurier von L bis Z
Dinosaurier in Deutschland
Dinosaurier in Baden-Württemberg
Dinosaurier in Bayern
Dinosaurier in Niedersachsen
Raub-Dinosaurier von A bis Z

Der Ur-Rhein. Rheinhessen vor zehn Millionen Jahren
Als Mainz noch nicht am Rhein lag
Der Rhein-Elefant. Das Schreckenstier
von Eppelsheim
Krallentiere am Ur-Rhein
Menschenaffen am Ur-Rhein
Säbelzahntiger am Ur-Rhein

Deutschland im Eiszeitalter
Höhlenlöwen. Raubkatzen im Eiszeitalter
Der Höhlenlöwe
Eiszeitliche Raubkatzen in Deutschland
Säbelzahnkatzen. Von Machairodus bis zu Smilodon
Der Höhlenbär

Monstern auf der Spur. Wie die Sagen über Drachen,
Riesen und Einhörner entstanden
Affenmenschen. Von Bigfoot bis zum Yeti
Nessie. Das Monsterbuch
Seeungeheuer. 100 Monster von A bis Z

Der Schwarze Peter. Ein Räuber im Hunsrück
und Odenwald
Julchen Blasius. Die Räuberbraut des Schinderhannes
Hildegard von Bingen. Die deutsche Prophetin
Johann Jakob Kaup. Der große Naturforscher
aus Darmstadt

Der Ball ist ein Sauhund. Weisheiten und Torheiten
über Fußball (zusammen mit Doris Probst)
Worte sind wie Waffen. Weisheiten und Torheiten
über die Medien (zusammen mit Doris Probst)
Schweigen ist nicht immer Gold. Zitate von A bis Z
Weisheiten der Indianer

Bestellungen bei: www.grin.com